ESSAI

POÉTIQUE.

Enivrons-nous de Poésie,

Nos cœurs n'en aimeront que mieux.

BÉRENGER.

ARRAS,

CHEZ LES PRINCIPAUX LIBRAIRES.

1836.

ESSAI POÉTIQUE.

IMP. DE J. DEGEORGE.

ESSAI

POÉTIQUE.

> Ennivrons-nous de Poésie,
> Nos cœurs n'en aimeront que mieux.
>
> BÉRANGER.

ARRAS,

CHEZ LES PRINCIPAUX LIBRAIRES,

1836.

La poésie est l'organe du cœur : c'est l'expression fidèle des sentimens vrais, purs, touchans. Elle est un besoin pour l'être sensible qui souffre, un besoin impérieux qui élève l'ame et anoblit le cœur ! oh ! en ce moment, que d'illusions enfantées par le délire vibrent voluptueusement dans mes sens ; comme tout est changé en moi, depuis qu'une passion pure, noble, sublime, consume mon âme, extasie mes idées, transporte mon imagination !...

Et puis, il faudra que je n'écrive plus ! qu'on m'ôte la faculté de penser, de sentir, qu'on brise mon cœur, que le souvenir ne soit plus pour moi ni en moi, et je respirerai libre... et le souffle que je consume, appartiendra entier à la terre. Mais tant que je sentirai des émotions naître en mon cœur, des idées bouleverser mes sens; je confierai au papier, témoin seul de mes chimères, les impressions de tous les instans, comme pour me délivrer d'un cauchemar terrible, appesanti sur ma poitrine hâletante et déchirée. Oh ! qu'il est difficile de résister à ce penchant qui nous porte à la poésie, d'étouffer en naissant, ces impressions qui brisent si violemment le cœur! Mais, quel poète assez éloquent, secouru par une verve douce et insinuante, peindra ces extases de l'âme, ces énivremens de l'amour!

Ah ! s'il est de ces hommes insensibles qui n'ont jamais aimé; sans doute, ils n'ont jamais non plus connu le malheur, ils n'ont jamais été à portée d'aider l'indigence souffrante : Mais non, il n'en est point; car, quel est celui qui n'a jamais souffert, qui jamais n'a senti ce besoin de communiquer sa peine, ce besoin d'appartenir à quelque chose sur la terre!

L'être sensible, n'a-t-il pas eu aussi ses jouissances dans ses peines; seul il souffre, mais seul est-il en lui de jouir ? Oui : il est doux encore de vivre pour le souvenir, quand il n'est plus permis de vivre pour l'espoir.

Sentir, avoir un cœur, vingt-quatre ans, et ne pas aimer ! Souffrir et ne point dire ses souffrances; taire toujours cette voix du cœur qui vibre si voluptueusement dans l'âme. Oh! c'est impossible! On ne résiste point si long-tems à un besoin qui nous consume, extase de la vie où se confond, se brise l'intelligence. Aimer c'est souffrir ; mais souffrir ainsi c'est jouir! Ceux-là n'ont jamais connu les souffrances de l'amour, qui n'ont jamais aimé. Quelles jouissances éprouve un cœur quand il épanche dans un cœur, ses peines, ses pensées, ses désirs, son espoir, sa vie entière!.. Jouissances vraies, que ne donnez-vous toujours à nos âmes le baume salutaire que le désir a goûté, que la douce espérance prolonge dans les instans qui peut-être ne nous appartiennent plus! Ah! si l'éternité existe, si nos âmes, un jour, doivent ressusciter immortelles, pourquoi ne pas aimer? Cette éternité elle-même ne sera-t-elle pas trop courte pour éterniser notre amour. Si, au contraire, le néant est le terme de notre espoir, aimons encore; oui, aimons, ne fut-ce que pour l'espoir d'un regret!

Trop fortuné l'homme qui, sans soucis, aima sans souffrir; ou qui, sans sentimens comme sans raison, incapable de passions, de jouissances et de peines, épousa la fortune, et sacrifia à l'intérêt les délices d'un cœur ! Mais qu'il vive heureux, qu'il vive loin des caresses énivrantes d'une épouse aimante et fidèle ; combien peu j'envie cette félicité terrestre ! combien l'amertume qui me poursuit comme le faucon poursuit sa proie, est mille fois préférable à mon cœur ! Lui, sans sentimens, il n'a de plaisirs que ceux de la sensualité ; il aime par nécessité , par habitude peut-être. Que lui sert d'attacher une existence à la sienne, s'il ne vit point pour lui-même; si ses bruts plaisirs sont l'aliment d'une passion qui n'est en lui que comme les impressions de la douleur ou de la joie , s'il use le tems, moins pour vivre que pour exister ; car qu'est-ce que la vie, sinon l'art d'en jouir?

Oh mon Dieu ! ce ne sont pas les faveurs de la fortune que je te demande, seulement conserve-moi des jours longs de bonheur, des jours pour l'espoir, pour le souvenir, des jours pour aimer, pour vivre ! !

L'amour est quelque chose si profond, si sensible, si au-dessus de nous-mêmes, que l'on ne saurait le définir. Le sentiment ne s'exprime point par les paroles : l'éloquence est muette pour peindre de tels objets. Celui-là seul a aimé, qui est capable de sentir la force de cette passion qui comble ce vide de l'existence.

Pour moi qui seulement ai l'espoir, le désir, je laisse à ceux qui ont joui de ces ineffables douceurs, le soin d'en jouir encore, ne fut-ce que dans le souvenir. Qu'ils aiment toujours; qu'ils ne rougissent point de se le dire mutuellement; mais qu'ils n'aient point la noble ambition de ne vouloir le bonheur que pour eux seuls; car nous aussi, avons nos peines, nos chagrins...

Il est de ces hommes qui ne se doutent pas qu'on puisse aimer; esclaves d'eux-mêmes, sans passions, ils sacrifient leur cœur à la fortune; si quelques sentimens étaient sur le point de naître. Et ils donnent leur main à celle qui n'a jamais eu leur cœur : ils se rendent malheureux, si encore ils pouvaient avoir une idée du bonheur; et en même tems, ils font le malheur de l'insensée ou de l'être trop crédule qui, en l'homme qu'elle ne connaît point, à remis sa vie, sa jouissance, son avenir! A-t-elle cessé de vivre, lui qui ne s'est sacrifié à elle que pour cette unique fin, il répand, à son heure dernière, quelques pleurs d'instinct et comme d'habitude; pleurs forcenés, plus faits pour ceux qui les voient répandre que pour soulager celui qui les répand, ou dire un dernier adieu à celle qui ne peut plus qu'être aimée. Et dans quelques jours, demain peut-être, quand une couche de terre aura, à la lueur du jour, caché cette victime, ravie à la fleur de ses ans, aux douceurs qu'elle espérait, aux chagrins dont son âme aimante eût été la proie; lui, il se dispose à contracter une nouvelle alliance, souillerce lit nuptial, taire la voix de son cœur, si encore il en a un... Ah! cette tombe que tu profânes, oui, cette tombe, homme de néant, demande encore quelques pleurs; celle qui y repose, qui, en franchissant l'espoir et la vie, avait les yeux mourans fixés sur toi, dont le dernier soupir, peut-être, fut celui de son cœur; celle qui repose sur cette tombe que la trace d'un pied sacrilège, n'a encore profanée, n'existe-t-elle plus dans le souvenir? n'a-t-elle plus droit à un soupir? sitôt doit-elle être oubliée?

Mais toi, dont les sentimens n'ont pu être consumés, tu veux vivre encore pour l'espoir, pour la jouissance; te serait-il défendu d'aimer parce que le ciel, jaloux de ton bonheur, a ravi l'objet de tes amours à sa plus belle aurore, alors que de ses douces caresses tu jouissais pour la première fois. Tu l'as pleurée, et tu as voulu mourir; mais le ciel en a ordonné autrement; il te faut vivre, mais vivre! vivre sans soutien, sans amie, vivre seul, toi qui ressens un vide si profond dans ton âme! Non, puisque tu ne peux mourir, vis pour aimer, que tes jours encore soient ceux de la jouissance. Mais au moins, tu as attendu, n'est-ce pas, tu as attendu qu'elle n'ait plus en ton cœur qu'un souvenir; et tu as commencé une nouvelle existence, alors que la première n'était plus pour toi! Quelquefois un soupir est encore pour elle, et tes peines, si tu en as, sont diminuées!

Existence toute d'amour, de sentimens, quand auras-tu comblé ce vide immense qui est en toi. O vous qui savez ce que c'est que le cœur d'une femme, dites-moi, je vous en conjure, en est-il une qui pût satisfaire ce besoin qui me dévore; une femme fidèle toujours, une femme comme j'ai osé le concevoir!

Est-il un cœur encore fait pour mon cœur!

Mais qu'au moins, si je n'ai la consolation d'être aimé, si seul il faut que je vive, si mon existence doit rester sans regret, sans souvenir; si une larme de l'amour, une seule qui soit vraie, sincère, ne tombe sur ma tombe désormais déserte. Eh bien ! j'aurai vécu d'espoir : mes désirs auront été ma vie ! et je serai content, puisque je n'aurai pu obtenir davantage.

Maintenant voici l'œuvre. Peut-être la hauteur des idées n'est-elle point rendue avec ce ton énivrant de poésie qui caractérise le cœur. Mais si au moins je ne plais qu'à un certain nombre de lecteurs, j'ose espérer que ce seront les hommes à sentimens qui me liront; car, encore il en est, dans ce siècle de matérialisme, et qu'en faveur des idées, ils pardonneront aux expressions.

DÉDICACE.

Fruit né de ma chimère, organe de mon cœur,
Aux sensibles amans, j'offre ce tendre ouvrage,
Peut-être comme moi caressés par l'erreur,
Ont-ils aussi vécu dans un doux esclavage!

Au songe de l'espoir leurs sens se sont bercés,
Ils ont vu le bonheur naître aux feux de l'aurore,
Puis leurs rêves bientôt se sont vus éclipsés
Comme des bulles d'air que la brise évapore.

Mais cômme moi peut-être à peine en leurs printems,
Leurs pas languissamment marchent dans l'existence;
Ah! si le songe a fui, n'est-il des sentimens?
Pour calmer la douleur redisons l'espérance.

Que nous chantions ensemble un hymne au tendre amour.
Rendons au souvenir l'espoir de notre flamme
Encore nous pouvons être aimés quelque jour!
Si nos désirs sont purs, qu'ils vivent dans notre âme!

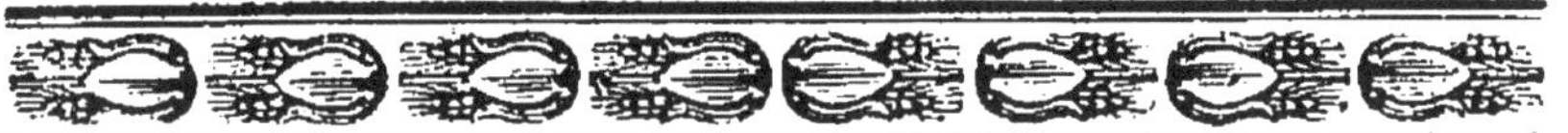

UN SOUVENIR.

Oh! qui me redira ces jours,
Ces jours jadis si pleins, de pure jouissance;
Où, libre de soucis toujours
Je n'avais de désirs que ceux de mon enfance?

Ces instans si purs, si joyeux
Où la vivacité si naïve de l'âge,
Déjà dans un cercle de jeux
Donne essor à l'esprit qui sort de l'esclavage.

Ah! ces instans n'existent plus...
Je vois sous l'horizon, un nouveau ciel paraître
A mon cœur, il faut des vertus!
Des désirs, un espoir.... et mon cœur vient de naître.

Triste, abattu, rêveur, souffrant,
J'abandonne mes sens à la mélancolie.

Je ne vois pas de cœur aimant
Capable d'attacher mon espoir à la vie.

Et j'existe seul aujourd'hui
Car mon âme ne peut communiquer sa peine
D'un avenir l'espoir à fui
Et personne, jamais..... qui supporte ma chaîne.

Qui puisse adoucir ma douleur,
Me plaindre et m'énivrer, toujours sensible, tendre...
Dieux ! je ne demande qu'un cœur
S'il ne ressemble au mien, qui le puisse comprendre.

Mais ce serait trop désirer...
Oh oui ! tout est perdu... Le chagrin me dévore.
Tu prends plaisir à déchirer
O toi que j'aimais tant un cœur qui t'aime encore.

PRÉSENT A .....

Acceptez ce faible hommage
De mon cœur gage de foi :
Que puis-je offrir d'avantage
Digne de vous et de moi ?

UN SONGE.

Cette nuit, charmante brunette,
A tes pieds, à tes genoux,
Dessus la verte couchette,
Je provoquais ton courroux.
Et là, dans mon trouble extrême
J'osais d'une furtive main
Toucher craintivement l'albâtre de ton sein.
Je te disais : je t'aime
Et ton souris malin,
Me le disait de même.
Combien, ivre de volupté
Je savourais jeune bergère
Avec cette liberté
Que la résistance tolère,
Les trésors de tes frais appas :
Tu me disais : je t'adore;

Et sur le satin de ton bras
J'imprimais un baiser encore....
Je dévorais des yeux
Seul avec toi sans alarmes,
Ton regard plein de charmes,
Ton visage à la fois tendre mais soucieux.
Et cette taille si charmante
Et ces blonds cheveux ondoyans
Sur ta gorge naissante
Dont la vue embrâsait mes sens.
En toi mon âme était passée;
Nous n'avions plus qu'une pensée.
Elle confondait nos deux cœurs.
Alors comme j'étais ivre
De ces douces erreurs,
J'avais cessé de vivre!!...

. . . .

Et puis dans le sein du plaisir
Avec volupté je me plonge,
Ma belle! pourquoi ce soupir?...
Mon cœur était heureux d'un songe!...

. . . .

A HORTENSE.

Hier, en me quittant,
Chère Hortense, ô toi que j'adore!
Tu disais en poussant
Un soupir profond qui dévore :

Je sens qu'il faut périr,
Mais je meurs avec l'espérance.
Adieu! qu'un souvenir
Vive pour prix de ma constance!

Et puis, quand quelques pleurs,
Dus au souvenir de ma perte,
Auront, tributs des cœurs,
Arrosé ma tombe déserte,

Alors tes sens émus
Feront redemander au monde
Un plaisir qui n'est plus
Dans l'horreur de la nuit profonde.

Et moi, du haut des cieux
Je soutiendrai ton existence,
Et tu seras heureux
Sans songer à ta douce Hortense.

Seulement quelquefois
En proie à la douleur amère,
Tu croiras entendre ma voix
Sortir du marbre funéraire.

Eh ! que me fait à moi
Les plaisirs d'une longue vie,
Si je dois loin de toi
En jouir, ma fidèle amie?

Que fait l'éternité
Pour le sentiment qui désire
Si loin de toi, jeté
Mon cœur dévoré seul soupire !..

Ne sais-je donc mourir ?
Eh ! je consentirais à survivre ?
Non plutôt que souffrir,
Dans la tombe sachons la suivre !

Quand il n'est plus d'espoir
Qu'un souvenir est la souffrance,
Que pourrai-je revoir,
Qui pour moi, soit la jouissance ?

Non : je suivrai ton cœur,
Qu'avec le tien, le mien se plonge.
Ah ! l'éternel bonheur,
Lui-même ne sera qu'un songe !..

L'AVEU A MA SOEUR.

Veux-tu savoir, ma sœur, pourquoi triste, souffrant,
Tous les jours en ces lieux, d'un œil si languissant,
Devançant même l'aurore,
Je m'assieds et je pleure au pied de ces gazons,
Alors que les oiseaux de leurs douces chansons
Attristent mon cœur encore !

J'avais quinze ans alors. Libre de tout désir,
Je jouissais heureux d'un naissant avenir,
Et je folâtrais sans cesse.
Mais je ne tardai point à sentir de mon cœur
Cette voix qui disait : aimer est le bonheur !
Je déposai mon ivresse.

J'aimai, c'est assez dire : avec mes sentimens
Aimer devient fureur. Aussi que de tourmens

Devaient abreuver ma vie;
Je ne respirai plus. Clarisse était en moi ;
Pour elle j'agissais, je vivais de sa foi,
Mon bonheur faisait envie.

Elle aussi m'adorait; enfin le vrai bonheur
Était né tout exprès pour éclairer mon cœur
D'une lumière éternelle.
Faut-il un seul instant douter d'autant d'amour.
Grand Dieu ! tant de vertus périrent en un jour !
Clarisse fut infidèle !

Et moi, j'aimai toujours dans un silence affreux
La douleur pour mes sens est d'un prix doucereux;
Je viens pleurer ma Clarisse
Jusqu'à ce que la mort m'enlève à toi, ma sœur,
Et fasse, je l'en prie, en éteignant mon cœur,
Cesser mon cruel supplice.

BOUQUET.

J'avais cru long-tems au bonheur
Loin de tout, ma fidelle amie...
Mais non : sans jouir de ton cœur
Dis, est-ce jouir de la vie...

2*

VOUS EN SOUVIENT-IL?

Vous en souvient-il, chère Hortense,
Avec vous j'étais seul un soir
A mon cœur usé de souffrance
Vous promîtes un peu d'espoir.
Ces attraits qui viennent de naître,
Périront comme ils sont venus ;
Et l'on ne peut toujours paraître
Ce que de long-tems l'on n'est plus....
Mais si toujours l'on ne peut être belle,
Toujours, ma mie, on peut être fidelle,
J'estime un cœur comme l'unique bien ;
Qu'il t'en souvienne : aimer un jour n'est rien.

Dites, vous souvient-il encore
De ces premiers feux de l'amour?
Vous me disiez : je vous adore,
Je le répétais à mon tour.

Cet enjouement de la jeunesse,
Ces attraits qui séduisent tant
S'écouleront avec l'ivresse
De l'amour si doux en naissant.
Mais si toujours, l'on ne peut être belle,
Toujours, ma mie, on peut être fidelle;
J'estime un cœur, comme l'unique bien;
Qu'il t'en souvienne : aimer un jour n'est rien.

BILLET AMOUREUX A...

Au besoin de mon existence,
Ne répondras-tu donc jamais?
Quoi! toujours je t'adorerais
Sans obtenir la récompense
Que mon cœur de ton cœur implore?
Oui, tu me l'as donné ce cœur,
Alors, tu m'as dit : je t'adore!
Fidèle amie, à mon bonheur
Ne sais-tu ce qu'il manque encore?
. . . .

LES ADIEUX.

Adieux, pour toujours adieux
Beaux lieux où tant de fois, mon âme fut ravie
Où je goûtais, si purs, les plaisirs de la vie
Comme aux doux concerts des Dieux

C'en est donc fait pour toujours,
Je ne vous verrai plus... mais, vous, ma jeune amie,
Vous, mon unique espoir, ma fortune et ma vie,
Divinité des amours.

Ah! que c'est trop pour mon cœur
Qu'une privation si triste et si cruelle,
S'éloigner de ces lieux où respire ma belle
Dont l'aspect fait le bonheur.

Désormais ne plus revoir
Une amante pour qui, tous les jours je respire;
Et tant qu'encore je vive, il faut que je soupire
Dans les bras du désespoir...

Hier, j'aperçus de ses yeux
Quelques larmes tomber sur sa lèvre brûlante,
Et je vis la grandeur de cette âme souffrante,
Peinte en son front soucieux.

Et la prière d'un cœur
S'envola tristement au sein de l'Empyrée,
Demander à mon Dieu pour l'amante éplorée,
Le souvenir du bonheur...
. . . .

A ELLE.

C'était dans ma mélancolie,
J'avais dit : n'aimons jamais.
Mais quand je vois tes attraits
Je redis mon serment et tout bas le renie.

LE SOUVENIR.

Il m'en souvient. J'avais alors quinze ans,
Mon cœur encore n'avait point senti naître,
Du Dieu d'amour les désirs énivrans;
Et j'ignorais qu'il pût être
Des cœurs malheureux, souffrants.

Seul, je rêvais; et l'avenir trompeur
Berçait mes sens d'un espoir inutile.
Heureux encor, je croyais au bonheur,
L'espoir, chimère stérile,
Trompait mon crédule cœur.

Mais par hasard, j'entends l'air retentir
D'un triste son qui frappe mon oreille,
Mon cœur s'émeut... et je perds l'avenir.
Comme celui qui sommeille
A perdu le souvenir.

C'étaient les pleurs si tendres de l'amour,
Et je sentis naître en moi la tristesse
Je soupirai... car j'aimais à mon tour.
  Déjà ma naissante ivresse
  S'enflammait avec le jour.

Je respirais un air délicieux.
Hélas, alors, si sensible et si pure,
Mon âme était aux doux concerts des dieux ;
  Tout se taisait : la nature
  Semblait sourire à mes vœux.

Mais c'est qu'alors je ne doutais du cœur
Que pour douter des vertus à moi-même;
Je respirais le souffle du bonheur,
  Comme un délire suprême...
  C'était un songe flatteur.

Je les ai vus : ils ont fui, ces beaux jours,
Après lesquels encore je soupire :
Prestige heureux des ris et des amours.
  Ah ! faut-il que je respire
  Quand vous me fuyez toujours !...

Que j'aime une douce parole
Ou bien les doux secrets d'un cœur !
Comme mon souvenir s'envole
En un instant vers le bonheur !
Ah ! c'est un rêve qui console
Alors qu'on reconnaît l'erreur.

T'EN SOUVIENT-IL?

T'en souvient-il encore ma belle
De ce premier baiser d'amour?
Tu me juras d'être fidèle;
Et j'en fis serment à mon tour.
Dis-moi, t'en souvient-il encore?
As-tu toujours le même cœur
Et cette beauté que j'adore
Me promet-elle le bonheur ?

Pourquoi cet esprit si volage,
S'il t'en souvient encor dis-moi;
De l'amour, est-ce l'apanage,
Est-ce ainsi qu'on montre sa foi ?
Et quand en toi je me confie
Ah! dis-moi, réponds, ai-je tort?
Ma belle, faut-il que j'oublie
Que je me résigne à mon sort?

Ai-je droit encore à la joie ?
Laure ! n'es-tu point sans soucis
Ton cœur fût-il jamais en proie
Aux chagrins plus doux que les ris !...
Réponds, es-tu toujours fidelle
Dois-je espérer fléchir ton cœur ?
Mais pardonne, car je te rappelle
Des jours oubliés du bonheur.

UNE AMANTE.

O Dieux ! je l'ai vue encore
Hier sur ces gazons fleuris,
Chanter... et sa voix sonore
Si douce, énivrer mes esprits.

Ah ! mon âme était ravie.
Qui peut comprendre mon amour.
C'est le soutien de ma vie
Et mon cœur aima plus d'un jour !

Je ne la vis que paraître
Cet ange de douceur n'est plus,
Et je n'ai pu la connaître
Seulement, que par ses vertus.

Le sort cruel l'a ravie
A l'amant qui reçut son cœur
Que n'a-t-il brisé ma vie
Du coup qui brisa mon bonheur ?...

STANCES.

Trop heureux qui vit sans soucis
Et qui s'avance exempt de peine
Conduit par les jeux et les ris
Vers la vieillesse qui l'entraîne.

Il n'a point connu la douceur
Que l'on goûte dans la tristesse
Alors que s'épanche le cœur
Que l'âme pleure son ivresse.

Sa vie est dans l'indifférence.
Né sans âme et sans sentiment
D'un cœur aimant sans espérance
Il ne connaît point le tourment.

Pour lui, l'amour est sans souffrance ;
L'amour, nécessité du cœur
Qui fait l'unique jouissance
Et l'existence et le bonheur.

Mais qu'il vive dans l'inconstance,
Et sans désirs et sans soucis,
Pour moi j'estime la souffrance
Comme un inestimable prix.

J'aime à voir un être sensible
Triste, pleurer sur l'avenir.
Un mouvement irrésistible
Me le fait et plaindre et chérir.

Car l'amour est une chimère
Pour mon cœur qui voudrait jouir...
Quand luira donc le jour prospère
Où pour moi naîtra l'avenir?

Auprès de l'être qui prospère,
Je sens renouveler mes maux,
Il me semble, dans ma misère,
Voir des chagrins toujours nouveaux.

Car un sentiment me dévore...
Etre aimé fait mon seul désir
Et ce n'est qu'un cœur que j'implore...
Dois-je long-tems encore souffrir?

UNE JOUISSANCE.

Que j'aime à voir par un jour de printems,
D'heureux amans fouler l'herbe fleurie!
Que j'aime à voir ces cheveux ondoyans,
Ces doux baisers d'une bouche chérie.
Ces cœurs aimans, pour la première fois,
Cette âme pure appelant une autre âme,
Et cette voix qui dans une autre voix,
Semble puiser l'aliment de sa flamme;
Que j'aime à voir, moi souffrant et rêveur,
Sur le penchant d'une onde toujours pure,
Ces deux amans jouir du même cœur,
Etre pour eux, tout seuls dans la nature !
Oh ! que de fois, mes esprits abattus
Ont recherché ces douceurs que j'envie!
Dans l'amour vrai qu'il entre de vertus!
Douces vertus que jamais on n'oublie!
O songe heureux, fantôme du bonheur,
C'est posséder tout ce que tu déploies.
Amans chéris, ah ! c'est trop peu d'un cœur
Pour résister à ces torrens de joies.
Il est si doux, pour calmer nos tourmens,
De rencontrer un cœur qui nous comprenne,

Sensible et bon, et prêt à tous momens
A partager vos jeux ou votre peine.
Et quand on voit, devant soi, tous les jours,
Cette beauté prête à sécher vos larmes,
Redire au cœur d'ineffables discours...
Que cette vie offre alors de doux charmes !
Que dis-je, eh quoi! que peut-on désirer ?
Quel autre sort peut encore faire envie ?
Oh ! c'est jouir... Tout court pour enchanter,
En chaque instant, c'est consumer sa vie.
Plaisirs flatteurs, ah ! quand vivront pour moi
Ces doux instans qu'à grands souhaits j'appelle;
Jours si remplis... De mou cœur c'est la loi.
Est-il encore une épouse fidèle ?
Un doux espoir, un rayon d'avenir ?
Pour me comprendre est-il un cœur encore ?
Ce que je sens, pourrai-je l'obtenir ?
Et faire taire un désir qui dévore ?...
Bonheur, bonheur, fantôme éblouissant,
Tu fuis à l'œil comme l'éclair rapide.
Il te poursuit... et le flot écumant
Jette l'espoir en un désert aride.
Mais si tu fuis à mon œil désireux,
Au moins, alors, que je puisse peut-être,
Si je ne suis un jour vraiment heureux,
Me rappeler qu'encore l'on peut l'être,
Et ce bonheur si touchant que j'envie
Est peu de chose... Un langoureux baiser,
Celui d'un cœur, aliment de ma vie.
O vous que j'aime ! est-ce trop désirer ?

L'IMPRÉCATION.

Encore une fois, un soupir,
Oh! qu'un instant je t'aime encore
Que périsse le souvenir
Si malheureux qui me dévore.

Et moi pour la dernière fois,
Content, joublierai ma souffrance
Quand mon cœur restera sans voix
L'oubli sera ma jouissance.

Mais hélas! n'aimer qu'un instant,
Quaud pour aimer je voulais vivre!
Seul jouir, seul mourir souffrant
Et seul à moi-même survivre!

Désormais vivre sans espoir,
Tout fuit comme l'ombre légère.
Tout fuit... et je ne puis revoir
Qu'une infidèle encore chère!...

Et je n'ai que le souvenir
Des jours de bonheur que mon âme
Jouissant d'un doux avenir
Goûtait de la plus pure flamme.

Alors c'était le vrai bonheur;
C'était plus, c'était l'existence.
Et je possède encore ce cœur,
Ce cœur qui gémit en silence.

Le bienfait de l'éternité
De deux amans, noble espérance,
Rendait à la félicité
Mes sens souvent dans la souffrance.

Et je me disais, en mon cœur,
Dans les transports de mon délire :
Quand viendra l'éternel bonheur,
Après lequel mon âme aspire ?

Mais tout s'est enfui pour toujours;
Tout a fui pour ne plus renaître.
Hélas ! les douceurs des amours
Étaient trop pour mon cœur peut-être.

Et toi, qui me fais ces tourmens,
Toi qui rougis d'avoir une âme,
A qui je crus des sentimens,
Tu me verras mourir, infâme.

Alors, peut-être, quelques pleurs
Du désespoir de la souffrance

Naîtront... Cruelle, les douleurs
Ne peuvent être l'espérance.

Tu vivras éternellement;
L'éternité sera ta proie,
Et moi qui verrais ton tourment,
Mon cœur s'enivrera de joie.

Je péris avec cet espoir,
Puisque c'est le seul qui me reste;
Et tu ne pourras plus revoir
De moi, qu'un souvenir funeste.

Il empoisonnera tes jours.
Vivre toujours !... idée affreuse...
Cruels et renaissans vautours...
. . . .
Et toujours tu pus être heureuse !!!

AUX JARRETIÈRES DE.....

(IMPROMPTU)

Liens charmans de ma maîtresse,
Oh ! que ne puis-je comme vous
Etre sans cesse
A ses genoux !

A AGLAÉ.

Il m'en souvient encor; j'étais seul, un beau soir,
Sur la rive fleurie, au bord de l'onde pure,
Snr son lit émaillé, qui lentement murmure
En cascades tombant auprès de l'autre noir.
Là seul, avec mon cœur, l'œil errant dans l'espace,
Sur l'avenir qui fuit, je rêvais soucieux,
Quand, soudain, me mirant dans la limpide glace,
Etonné, j'aperçus des pleurs mouiller mes yeux.
. . . .
Quel trouble alors, quel trouble a pris en moi naissance;
D'où vient que la nature est pour moi sans attraits ?
Comment en un instant se sont brunis mes traits?
Et je versais des pleurs; ceux de la jouissance...
Je n'interrogeais plus les éternels bienfaits ;
J'interrogeais mon cœur... Aglaé, je t'aimais!...
Je t'avais vu de loin. L'empire de tes charmes

Avait soumis mes sens : et je sentis deux larmes,
Doucement s'échapper et couler sur mon sein!
Déjà je respirais de ton souffle divin.

Aglaé, près de moi, tu n'étais pas encore,
Mais j'entendais ton souffle exhalé de ton cœur;
Je voyais tes attraits, ta naïve candeur,
Ton sein qui se mouvait, ton regard qui dévore;
Ce regard séduisant, cette amoureuse ardeur.
Le frôlement léger de ta robe ondoyante,
Prêtait des feux encore à ma flamme brûlante;
Et j'allais savourer l'attente du bonheur...

Mais déjà, je te parle, et ton divain sourire
Brûle mes sens troublés : tu t'assieds près de moi...
Dans cet heureux instant, dis, quel fut mon délire?
Je ne respirais plus... Ah! tu t'en sonviens, toi.

Les amours, pour te plaire, accouraient sur tes traces,
Mon cœur avait parlé, j'étais aux pieds des grâces;
J'embrassais tes genoux; et ma craintive main,
S'enhardissant, osa s'égarer vers ton sein.

Je sentais près de moi ton haleine embaumée,
Ta douce voix descendre en mon âme enflammée.
Heureux je partageais le trouble de ton cœur,
Et sur moi tout entier tu régnais en vainqueur.

Je ne voyais que toi... Mon oreille attentive
Entendait les accens de ta flamme plaintive.
Mon souffle n'était plus, tu respirais pour moi.
Enfin, j'avais reçu le gaze de ta foi.

Doux instant, tu venais de me jurer ma belle,
Un amour vrai, toujours passionné, fidèle.
Je possédais ton cœur... toi, même pour toujours!
O souvenirs si doux! ô prestiges d'amours!
J'avais en un instant consumé l'existence...
Un baiser énivrant vint sceller ce serment...
Mais nous nous séparons : un amoureux silence
Succède à notre trouble! Ah! puisse ce moment
A ton cœur, Aglaé, toujours être présent ;
Puisses-tu, pour charmer un amant qui t'adore,
Aussi long-tems que lui t'én souvenir encore!

BILLET AMOUREUX A...

Il est doux de dire qu'on aime :
Hier encore dans ce bois
Tu me le disais quelquefois,
Et je te le disais de même.
Mais si tu pouvais savoir
Combien de le prouver il est plus doux encore,
Tu ne tarderais point, pas plus tard que ce soir,
A te rendre aux doux vœux de celui qui t'adore.

A MA SOEUR.

Hier, encor je l'ai vu ; je lui parlai, ma sœur.
Il détourne les yeux... Un sourire sévère
Glaça mes sens troublés, j'avais perdu son cœur.
Et l'espoir avait fui comme l'ombre légère.
Ma consolation, lui, mon unique espoir,
Lui, pour qui constamment mon cœur tout bas soupire
Dont je crus être aimée!... et je ne puis revoir.
L'être que j'adorai, pour qui seul, je respire ;
Il m'a fui pour toujours! pour toujours... ô mon Dieu
Que c'est trop pour mon cœur! et moi, je dois survivre.
Et je verrais s'éteindre une flamme de feu!
Ma sœur, sans être aimée, ah! puis-je encore vivre!

S'il m'avait dit adieu, s'il avait vu tomber
Mes larmes qui d'un voile avaient couvert ma vue

Et qu'à ses yeux encor je voulais dérober;
Je serais satisfaite, et je serais venue
Pleurer, loin de ses pas son infidélité;
Et peut-être un espoir, mais un dernier, sans doute,
Eût encore ramené quelque instant de gaîté;
J'eus pu baiser ses pieds, les traces de sa route...
Mais non : tout est perdu... tout est fini pour moi...
Je dois mourir bientôt. L'ingrat, il m'abandonne!
Puisse-t-il être heureux. Ah! je n'ai plus que toi,
Ma sœur; mais jamais lui... non, je n'ai plus personne!

CHANSON.

Air connu.

Bénissons à jamais
La goutte après le café.

Ah! qu'une bonne table
Fait un effet charmant
Pour plus d'un tendre amant
Près de maîtresse aimable.
Bénissons, etc.

J'aime beaucoup la joie,
Voilà pourquoi surtout
J'estime un bon ragoût
Qu'un excellent vin noie.
Bénissons, etc.

Bon vin toujours enchante,
Chasse les noirs soucis.
Mais c'est qu'alors je ris
Quand jeune fille chante.
Bénissons, etc.

Je n'ai d'yeux que pour elle
J'admire et n'entends pas.
J'oublirais cent repas
Pour sa tendre prunelle.
Bénissons, etc.

Sémillante brunette
Partage aussi mes soins
Et je n'aime pas moins
Sa blanche colerette.
Bénissons, etc.

J'aimerais bien encore
Qu'au bon repas, bon vin,
Se joigne un doux larcin
De la fringante Laure.
Bénissons, etc.

Mais quand la jeune Alzire
Assise à mon côté,
Me permet la gaîté
Alors, je puis lui dire :
Bénissons à jamais
La goutte après le café,

L'AVEU.

Oh! déjà, que j'ai vu de fois,
Sur l'émail odorant d'une verte prairie,
Ou dans le silence des bois,
Ensemble se jouer et l'amante chérie.
Et l'amant dont le cœur respire par sa voix.

Que ces amans étaient heureux
Dans le sein l'un de l'autre, et doutant qu'il pût être
Des cœurs souffrans et malheureux.
Déjà dans ce doux rêve ils respiraient peut-être
L'avant-goût du bonheur dont jouissent les dieux.

Sans trouble jamais, le bonheur
Transportait leurs esprits loin de la terre impure,
Vers l'esprit régénérateur.
Et tous les deux goûtaient la jouissance pure
D'un amour sans mélange et du parfait bonheur.

Et moi j'enviais un soupir
Comme mille douceurs.... Et quand leur allégresse
Revenait à mon souvenir,
Mon âme tressaillait d'une folâtre ivresse.
En secret je goutais l'espoir d'un avenir.

Malheureux, j'ai trop désiré !...
Est-ce à moi d'envier autant de jouissance?
Ce cœur maintenant éploré,
Ne dût-il pas plutôt croire que les souffrances
Sont le lot d'un amant par l'amour dévoré.

Je ne l'ai que trop bien connu.
L'amour est un fardeau trop lourd et trop pénible ;
Et si je l'ai bien entendu,
Mon âme est trop aimante, et mon cœur trop sensible,
Pour chercher le bonheur au sein de la vertu.

Bercé long-tems dans les amours,
Je crùs qu'on pût aimer sans craindre la souffrance.
L'espoir me flattait tous les jours...
Mais aimer un instant n'est pas la jouissance.
Je dois n'aimer jamais ou bien aimer toujours !

Ah ! si l'espoir de tous mes vœux
Pût se réaliser... et que sensible et tendre,
J'obtinsse un cœur selon mes vœux,
Qui vécut pour moi seul et qui pourrait comprendre,
De combien de douceurs il me rendrait heureux !

Alors je vivrais de bonheur,
Dans les bras d'une amie, au sein de l'allégresse;

Je respirerais sa douceur !
Elle aussi, de mes sens, respirerait l'ivresse,
Et tous deux jouirions vraiment du même cœur.

Mais hélas ! je le vois s'enfuir,
Cet espoir si flatteur que vainement j'appelle.
Aimer pour moi n'est que souffrir.
Je voudrais une femme à l'amour éternelle,
Bonne, et qui pût répondre à mon vaste désir.

Non, je ne pourrai jamais voir
Ce prodige éclatant d'amour et de tendresse,
Tel que je l'ai pu concevoir
Au lieu de ces momens de délire et d'ivresse:
Il ne me restera qu'un affreux désespoir...

Ou, si je dois aimer un jour,
Que jamais, ô mon Dieu, que jamais je n'oublie
Ce qu'est le véritable amour,
Le garant du bonheur, le secret de la vie;
C'est qu'il faut n'aimer point ou bien aimer toujour.

Et pour ma felicité,
Je chercherai long-tems ce grand cœur que j'appelle;
Car je crains l'infidélité,
Qui pour moi deviendrait une peine éternelle,
Qu'accroîtrait le penser de mon éternité...

Mais plutôt l'amour, à mon cœur
Ne saurait procurer une douceur réelle;
Je n'appartiens point au bonheur.
Juste ciel ! où trouver une femme fidèle ?
Comme l'avait compris un espoir trop flatteur.

J'ai vu bien des cœurs démentis,
Après quelques jours purs dont l'hymen est le gage,
D'une femme on est moins épris.
Quand ses traits ont vu fuir les charmes du bel âge,
Le tems fait aux plaisirs succéder les ennuis.

Eh ! puisque je ne puis revoir
Cet ange de douceur, d'esprit et de tendresse,
Que hier j'avais pu concevoir,
N'aimons point... non jamais !... et mourons sans ivresse.
Si pourtant un bon cœur.. mais non! c'est trop d'espoir.

LA FILLE PRUDENTE ET SAGE.

C'était un beau soir de printems,
Avec sa gentille brunette,
Colin sous la verte coudrette
Goûtait les plus heureux instans.
Etre seul avec sa maîtresse
A la pâle clarté de l'astre de la nuit,
Il n'est point de plus douce ivresse.
Tout-à-coup ces momens de joie enchanteresse,
Furent troublés par quelque bruit
Qui fit agiter le feuillage.
Vîte fuyons, mon ami, mon Colin,
Car on pourrait l'aller dire au village.
Fuir à notre désavantage
L'on broderait un conte c'est certain;
Pour l'éviter, ce qui même est plus sage,
Promettons-nous de revenir demain....

L'HEURE DERNIÈRE.

C'était pour la dernière fois...
Elle voulut parler encore...
J'entendis un reste de voix
Mourir sur sa lèvre incolore.

Elle me fixa cependant;
Et son regard semblait me dire :
Je vis encor, sois moins souffrant;
Un dernier espoir pourrait luire!...

La voir ainsi s'évanouir,
Elle, le rêve de ma vie...
Ah! l'espoir de bientôt monrir
Est le seul que mon cœur envie!...

A ce cœur, ô Dieu, rends l'espoir,
Ou bien qu'à l'instant je périsse.
La mort ici n'est qu'un devoir :
Non, ce n'est point un sacrifice.

Mais quelle agonie, ô mon Dieu!]
Oh non! elle ne peut plus vivre!!
Eh bien! mourons... Mourir, c'est peu,
Qnand on n'a plus droit de survivre.

LES REGRETS.

Dès que des yeux mouillés de pleurs
Rencontrent les yeux d'une amie,
Douces, ineffables douleurs!
Alors! comme l'âme est ravie!
Comme il sent son cœur s'émouvoir
L'amant auprès de son amante!
Comme alors il renaît d'espoir
Auprès de cette âme brûlante!...
Et d'un cœur, le baiser de feu,
De ses pleurs est la récompense.
Mais quoi! seulement un aveu,
Un doux aveu; c'est l'existence!...
Et le malheureux a joui...
L'instant dernier de ses souffrances
De l'amour, prodige inouï,
A commencé ses jouissances.
Et moi, la lave du malheur,
A déjà rempli ma carrière;
Je ne puis trouver un seul cœur,

Un seul dans la nature entière...
Jusqu'ici j'ai vécu d'espoir;
Je m'en suis trop bercé peut-être !
Aimer pour moi fut un devoir,
Mais ce bonheur ne peut renaître.
Quand je crus posséder un cœur,
Je ne trouvai qu'une inconstante;
J'avais cru long-tems au bonheur,
J'avais cru son âme brûlante,
J'avais cru... vain et fol espoir...
Peut-elle posséder une âme,
Celle qui ne sait s'émouvoir,
Qui jamais n'a senti sa flamme
Gonfler son sein d'un pur amour;
D'un amour vrai, pur et durable,
Qui ne passe point en un jour,
Et dont le souffle est délectable?
Ne pourrais-je donc être aimé?
Vivre sans soutien, sans amie.
Par le désespoir abîmé;
Vivre, sans jouir de la vie...
Que c'est trop! que c'est trop, mon Dieu!
Brûler... brûler d'amour sans cesse,
Posséder une âme de feu,
Tandis qu'en un torrent d'ivresse,
Sans cœur, le mensonger amant
Possède une épouse fidèle,
Tendre, sensible, un cœur aimant.
Et moi, vainement je l'appelle!..
Cependant je saurais aimer,

Aimer, adorer... plus encore
Je sens l'amour me consumer...
Et le désespoir me dévore...
De l'enfer puissent les tourmens
Ici bas consumer mon âme,
Puissè-je à la fleur de mes ans,
Périr pour oublier ma flamme.
. . . .

LES ADIEUX A LA VIE

Doux instans de mon enfance,
Où je sentais couler des jours exempts d'ennuis,
Des jours vrais de bonheur, sans désirs, sans soucis,
Dans les bras de l'espérance...

Vous n'avez fait que paraître.
L'avenir idéal qui pour mon cœur a lui,
Vîte s'est éclipsé... l'espoir trompeur a fui,
A fui pour ne plus renaître.

Et mon âme alors ravie,
Contemplait l'avenir des rives du présent;
Et l'espoir n'est-il pas le plus heureux présent
Des faveurs de cette vie?

Des sens, flatteuse chimère.
Je l'ai vu s'échapper, ce riant avenir,
Il ne m'en reste rien, sinon le souvenir...
Le tourment de ma misère.

Je désirais trop peut-être...
Il me souriait trop ce bonheur radieux;
Si le mortel jamais n'a pouvoir d'être heureux,
Un cœur a-t-il droit de l'être ?

Me reconnaissant une âme,
Je devins attentif à la voix de mon cœur,
Et vîte je pensais qu'aimer est le bonheur :
Je sentis naître ma flamme.

J'aimai donc pour mon martyre,
J'aimai... non j'adorai !... Mon Dieu que de vertus,
Quel trouble dans mes sens ! et je n'aperçois plus
L'être après qui je soupire...

Et ma mourante paupière,
Débile, appesantie, encore se r'ouvrant,
Semble montrer un cœur moins malheureux, souffrant.
Un soupir est une prière !..

Dieu ! pardonne à l'inconstance !
Oh ! qu'elle soit heureuse, heureuse, oh oui ! toujours !
Et meure regrettée après de nombreux jours
Passés dans la jouissance...

Pour moi je quitte la vie,
L'éternité m'attend ! ! D'incessantes douleurs
Vont loin de ce vain monde éterniser mes pleurs !
O tombe ! que je t'envie !

Bientôt, aujourd'hui peut-être,
J'aurai franchi la vie... Un lugubre linceuil

Disputera mon corps aux vers de mon cercueil.
Je n'aurai fait que paraître !

Et l'on suivra le cortège
Comme aux jours de triomphe; et des amis nombreux,
Autour de mon tombeau, s'empresseront entr'eux
Aux cris, la douleur s'allège.

Eux dont mon cœur se rappelle...
Où seront mes amis à l'instant de douleurs,
Où seront-ils alors! qui répandra des pleurs ?
Ceux d'une douleur réelle !..

Eh! quand Lisa m'abandonne,
Elle dont tant de fois je reçus les sermens,
Ai-je droit de prétendre en mes derniers momens
Au souvenir de personne ?

Non, seul je ne saurais vivre !
Il faut que je partage un penser, un soupir,
Devant de vrais amis. Eh bien! je vais mourir,
Puissent-ils me survivre !

Adieu. séjour de la vie,
Je quitte sans regrets un lieu de désespoir,
Un séjour ou mon cœur hélas ! ne peut plus voir
La volupté qu'il envie.

Dans l'éternité peut-être,
Je trouverai peut être une trève à mes maux;
Et d'éternels plaisirs, plaisirs toujours nouveaux,
Que sans cesse on voit renaître.

Si le néant que j'implore,
Dans l'éternel oubli, plongeait mes sentimens,
Je trouverais enfin un terme à mes tourmens.
Et je veux mourir encore!..

C'est l'unique espoir qui me suive!
Mourons sans qu'un regret succède au souvenir,
Mourons abandonné... mourons sans avenir,
Sans ami qui nous survive.

L'ADIEU A L'ESPÉRANCE.

O jours trop fortunés de la folâtre enfance,
Vous avez disparu comme un éclair qui luit;
Et je devais renaître à la douce espérance,
L'espoir comme un doux songe a fui.

Quand à peine pour moi, je vois luire l'aurore
Sous mes pas chancelans, j'aperçois un tombeau,
Un tombeau dans l'enfance... ai-je pu vivre encore?
Déjà l'existence un fardeau!..

Que l'on soit malheureux au déclin de la vie,
Que l'on succombe alors aux pénibles douleurs,
De vos jours achevés la carrière est remplie,
Et les regrets ont moins de pleurs!...

Mais si jeune hélas ! vivre au sein de la tristesse
O jours infortunés devrais-je vous chérir ?
Quand mon cœur est déjà muet pour la tendresse
Ah ! pour moi vivre, c'est mourir !...

De l'espoir cependant, les flatteuses chimères
M'avaient, songe trompeur, caressé quelquefois,
Mon cœur avait conçu les faveurs les plus chères,
Et maintenant il est sans voix.

Eh ! qui saurait comprendre un peu de ma souffrance ?
Qui saurait débrouiller cet immense cahos ?
Qui saurait un instant me rendre à l'espérance ?
Seulement me rendre au repos ?

Non, non, il n'est plus tems; tout est fini peut-être;
Que je meure bientôt ! tel est mon dernier vœu :
Que je meure souffrant ! heureux je ne puis l'être !
Eh bien ! douce espérance ! adieu !

Pour la dernière fois permets qu'encor je vive
Un instant de douceurs, que j'entende un soupir
A mes derniers instans, qu'un souvenir me suive,
Et je cesserai de souffrir !

Pourtant, quand au chagrin, lentement je succombe,
J'aurais dû vivre un jour dans le secret d'un cœur,
J'aurais, un peu plus tard, dû marcher vers la tombe,
Car j'étais né pour le bonheur...

. . . .

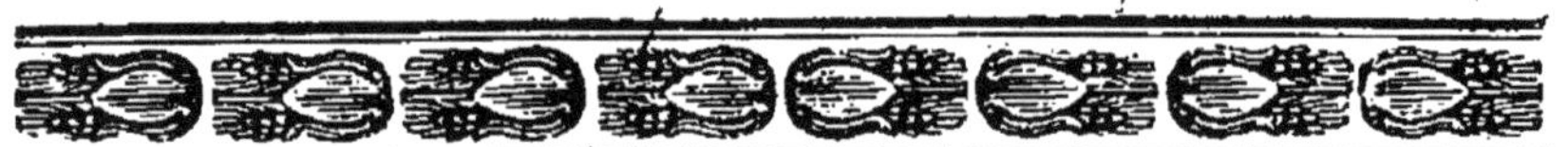

LE DERNIER CHANT D'UN AMANT.

Serait-il vrai, ma mère, au printems de mon âge,
Si jeune, il me faudra mourir,
Mourir alors que j'envisage
Briller dans le lointain un heureux avenir.

Quand je berçais mes sens d'inutiles chimères,
Qu'au sein des fidèles amours,
Exempt de ses douleurs amères,
Dans les bras du bonheur j'allais vivre toujours.

A la fleur de mes ans, à ma brillante aurore,
Périr sans avoir vu le jour,
Périr quand je veux vivre encore,
Si jeune, si dispos, est-ce sitôt mon tour ?

Lorsque j'entrevoyais une espérance amie,
Un seul instant m'est refusé
Et mon cœur a quitté la vie;
J'ai passé pour toujours, je meurs sans être aimé!

Et moi je souffre encor. . S'il faut que je périsse,
Pourquoi si l'arrêt est porté
Ajourner encor mon supplice :
Vivre au sein de la mort, par la mort déchiré.

Implacable destin ! jouis de ma misère,
Précipite ton noir courroux;
Oui, hâte mon heure dernière,
Que je ne tarde plus à tomber sous tes coups !

Mais non, retarde encor l'affreuse jouissance,
Que du moins si je dois mourir,
J'emporte la douce espérance
Du souvenir d'un jour, d'un unique soupir.

Tranquille, je pourrai voir s'entrouvrir ma tombe,
Ah ! j'aurai l'espoir d'un regret ;
Qu'une larme, une seule y tombe,
Ce sera trop pour moi !.. je serai satisfait !

. . . .

SONNET.

Quand l'espoir consolant redit au souvenir
Des instans de douceurs loin du fracas du monde,
Que l'écho du passé rend au cœur un soupir,
Celui de l'espérance... ivresse alors profonde !

Comme le cœur ému savoure avec plaisir
Ce songe de l'erreur !... à cette terre féconde,
Il redit les accens de son plaintif désir ;
Sur l'avenir qu'il goûte avec joie il se fonde.

Et son âme énivrée au songe du bonheur,
Satisfaite du moins dans une douce erreur,
Vit pour le souvenir sinon pour l'espérance.

Du passé qui renaît, chimériques soutiens,
De vous sans le savoir, nous faisons les vrais biens :
Ainsi l'illusion forme la jouissance.

UN SOIR.

Avez-vous quelquefois du haut des boulevards,
Un beau soir tristement, promené vos regards
Dessus un ciel serein.. Ah! quelle mélodie!
Quel accord ravissant. Non, jamais je n'oublie
Les sentimens si doux qu'il a fait naître en moi!
L'extase d'un grand cœur est la première loi.
Oh! comme moi, sans doute, un soir, l'âme rêveuse,
Vous avez contemplé cette structure heureuse,
Vous en avez goûté mille sensations;
Que faisaient naître en vous tant de perfections;
Vous sentîtes aussi je ne sais quelle joie
Qu'une âme pure, aimante, au cœur sans tâche envoie.
Alors, si par hasard, abandonnant les cieux,
Vos yeux de votre amante ont rencontré les yeux,
O bonheur sans mélange! ô bonheur que j'envie!
Vous avez en un soir consumé votre vie.....

Oh! comme alors l'amour parle avec volupté
Dans une flamboyante et si douce clarté;
Comme le cœur qui souffre aux genoux d'une amante
Redit avec plaisir sa peine languissante!

Puissent ces doux instaus encore revenir,
Rappeler à mon cœur un tendre souvenir,
Un désir, des vertus, l'oubli de la souffrance.
Eh! qu'est-ce que jouir, si ce n'est l'espérance?

DANGER D'ALLER AU BOIS.

Nanette avait vingt ans,
Fille jolie et sage,
N'est plus de notre tems;
Mais qu'importe ? en partage,
Nanette avait encor la fleur de son jeune âge,
Destinée à l'heureux berger,
Qui, dans les nœuds du mariage
Devait fixer son cœur et l'engager.
Cependant, au bois Nanette,
Parée un jour de ses habits de fête,
Se promenait avec Colin...
A cette occasion, mainte jeune fillette,
Va, prude sans doute à dessein,
Et caustique en son bavardage,
Médire par tout le village,
Contre les rendez-vous aux bois.
Moi, je dis encore une fois :
Nanette était belle mais sage...
Cependant l'amoureux Colin,
Qui n'était point des plus novices,
A la jeune bergère au corset de satin,
Prit un baiser, puis deux, puis un troisième enfin,
Mille choses encore à faire les délices
Des anges... Mais paix taisons-nous,
L'amour de son bonheur pourrait être jaloux.

J'ALLAIS ÊTRE AIMÉ.

Mon Dieu! j'allais être aimé...
Sitôt m'arracher la vie
Par ton courroux abimé
Sans la grâce qne j'envie.

Quel mal ai-je donc voulu?
Mourir sans qu'on me console;
Mourir ! !.. ai-je donc vécu ?..
. . . .
Mais je n'ai plus de parole.

Je meurs sans espoir; je meurs
Personne sur ma tombe
Ne répandra quelques pleurs :
L'espoir de l'ami qui tombe.

Et j'aurais fui pour toujours
Sans le soupir d'une amante,
Gage si doux des amours,
Souffle d'une âme souffrante.

UN SOUVENIR.

Il était nuit déjà; mon cœur veillait encore
Sur des charmes perdus; je rêvais silencieux,
Et je sentais alors des pleurs mouiller mes yeux.
Larmes douces d'amour! combien je vous adore!

Mais ce n'était plus vous, dans ces baisers d'ivresse,
Pleurs que j'enviais tant! O ma chère Aglaé!
Tu n'es plus maintenant... Pourquoi m'avoir aimé
Si je devais survivre à ton cœur ta tendresse.

Ah! qui me redira ces jours de jouissance;
Ces jours où dans tes bras, ou sur ton sein brûlant,
Je cueillais un baiser, et qu'un feu dévorant
Scintillait dans mes sens pour m'énivrer d'avanee.

A mon cœur qui rendra ces instans d'allégresse?
Ces purs énivremens et ces chastes faveurs :
Avant-goût du plaisir, doux soutien de nos cœurs,
De nos tendres baisers la renaissante ivresse.

Ah! qui pourra redire à mon âme embrâsée
Combien je t'adorais ? Combien mes sens émus
Se berçaient mollement d'un songe qui n'est plus...
Mon cœur est impuissant à tracer ma pensée.

Charmes trop séduisans d'un cœur irrésistible,
Non, ce n'était point vous qui soumettiez mes sens,
M'eussiez-vous fait goûter de si divins momens,
Encore au souvenir serais-je si sensible ?..

. . . .

Quand pour elle j'aurais donné mon existence,
Moi sans mourir aussi j'ai pu la voir flétrir...
Sa mourante paupière encor voulut s'ouvrir;
C'était l'adieu d'un cœur vierge de jouissance !

Des ombres du trépas sa main déjà glacée
Voulut presser la mienne... Il me semble la voir;
Dieux ! elle demandait encore un peu d'espoir...
. . . .
Mais la mort vint glacer son cœur et sa pensée.

LE MALHEUR.

Ah ! tandis que le bonheur
Aux échos d'alentour résonne,
Moi, tous les jours je m'abandonne
A la plus vive douleur.

Tandis que chaque mortel
Vit, éloigné de toute peine,
Pour moi, languissamment je traîne
Un chagrin morne, éternel.

Il se rit de mes malheurs.
Le riche puissant que j'implore,
Et moi que le chagrin dévore,
Je succombe à mes douleurs.

Triste, abattu, languissant,
Personne n'offre à ma souffrance
Un soupir... et l'affreux silence
Entoure mon œil mourant.

L'être que j'aime me fuit.
O ciel! pour finir ma misère,
Fais que la mort sur ma paupière
Jette une éternelle nuit.

Moi, sur ce lit étendu,
Près d'abandonner l'existence,
Je cherche pour aimer Hortense
Encore quelque vertu!

Vainement dans mon délire
A l'insensible que j'implore
Je redemande un cœur encore....
Pour moi, pas même un soupir...

Et malheureux désormais,
Eloigné du sein d'une amie,
Que me reste-t-il de la vie?
Rien! pas même des regrets...

Consultez ce laboureur
Qui vit sans soucis et sans peine,
Gaîment vers le flot qui l'entraîne
Il dépose son labeur.

Lui, libre de tout désir,
Sans savoir qu'il possède une âme,
Il donne ou retire sa flamme...
Il sait aimer sans souffrir!

Et moi, trompé par l'amour,
Je vois mon âme dévorée;
Plus malheureux que Promethée
Dans les serres du vautour.

Lui, tout prospère il jouit;
Le bonheur, sans qu'il le désire
Sur lui se fixe : et je soupire...
Je le conjure, il me fuit!

Celle qui reçut mes feux
L'infidèle est heureuse encore!
Auprès de l'amant qui l'adore
Et reçoit de doux aveux.

Et moi, tristement je meurs
Près de l'être qui m'abandonne,
Et dessus mon tombeau personne
Ne viendra verser des pleurs.

UNE FEMME.

Hommes sans sentimens, vous n'avez donc jamais
Promené vos regards sur la belle nature,
Entendu d'un ruisseau le consolant murmure,
De l'astre de la nuit, contemplé les reflets.
Et le soir quelquefois, pleurant à chaudes larmes,
En votre cœur ému, dans vos chagrins secrets,
Vous n'avez point compris la douleur et ses charmes!

Vous n'avez point non plus, dans les épanchements,
Si doux, si purs du cœur, l'âme triste et rêveuse,
A la blanche clarté d'une nuit lumineuse,
Visité nos bosquets, un beau soir du printems,
Seul avec un femme au regard invincible,
Et dont la douce voix, les charmes ravissans,
Au séjour des enfers rendraient Satan sensible...

Si comme moi la peine eût brisé votre cœur,
Que vous ne sachiez plus où reposer la tête,
Vous eussiez écarté l'effort de la tempête,
Vous eussiez bravé tout pour renaître au bonheur.
Et vous eussiez compris en consultant votre âme,
Qu'il vous eût été doux de connaître l'erreur,
En mêlant vos soupirs aux soupirs d'une femme

A ces plaisirs mondains vous eussiez dit adieu,
Un adieu pour toujours! Votre âme alors ravie
Eût été commencer une nouvelle vie
Aux autres inconnue... Et l'amour en ce lieu,
Pur comme aux premiers jours de cette terre immonde
Dans le cœur d'une femme eût placé votre Dieu,
Qui régnerait pour vous au sein d'un nouveau monde.

Une femme, ô mon Dieu ! comme je la conçois !
Quand sur son sein brûlant on verse quelques larmes,
Comme la vie alors à vos yeux a de charmes,
Comme tout se réveille au doux son de sa voix !
Une femme sensible, aimante mais fidèle...
Il faut avoir souffert seulement une fois
Pour toujours vouloir vivre et mourir avec elle ! !

J'aimerais une femme à l'œil doux, languissant,
Aux cheveux bruns, soyeux, ainsi que j'idolâtre,
Et venant caresser ses épaules d'albâtre,
Vierges, encore aussi d'un baiser caressant.
J'aimerais une femme au doux et pur sourire,
Une femme candide au cœur compâtissant,
Et qui de ses attraits ignorerait l'empire.

O femme! viens verser sur mon sein désireux,
Ces pleurs qui sont si doux, et que l'amour envie.
A peine en mon printems je succombe à la vie,
Comme le lis courbé par les frimas brumeux.
Viens embellir mes jours par ta douce présence,
Un mot, un seul de toi peut combler tous mes vœux !
Fais briller à mes yeux un rayon d'espérance...

LE DERNIER CHANT D'UNE AMANTE.

O ma sœur ! il est vrai, bientôt je dois mourir...
Pourtant j'ai bien pleuré ma pénible existence.
Et mon âme à l'horreur de l'éternel silence,
Hélas ! eût préféré souffrir !

Que de fois confondue en mes rêves trompeurs,
Le soir je m'endormais pour renaître à la vie,
Au sein de l'espérance avec le jour ravie,
Et je chérissais mes douleurs.

Oh! comme alors mes sens demandaient le sommeil,
Tendre soulagement au désir qui me ronge,
Je pouvais vivre au moins dans les erreurs d'un songe
Qui se dissipaient au réveil.

Et mes esprits troublés croyaient encor tenir
Des rêves enchanteurs la morte jouissance,
Et sur le char doré que conduit l'espérance,
Je m'élançais vers l'avenir.

Que de fois respirant le doux parfum des bois,
Je sentais sur mon sein couler de douces larmes,
Tout, jusqu'à la douleur avait pour moi des charmes,
Et mon cœur n'était pas sans voix !

Maintenant, ô ma sœur, mes soupirs sont comptés,
Mes pleurs sont les témoins des douleurs que j'endure,
Et j'ai depuis long-tems épuisé, je le jure,
La coupe des adversités.

Que ma mort satisfasse un céleste courroux,
Vivre et ne plus aimer !! Oh! mais c'est impossible?
Que l'on dise de moi : son cœur était sensible.
Ma sœur embrassons-nous.

Sur ma lèvre mourante, ah! dépose un baiser,
Un baiser, s'il te plaît, avant que je périsse,
Puis sera consommé le cruel sacrifice,
Et mes maux sauront s'apaiser.

Et tu diras adieu, sur mon tombeau désert,
A celle qui périt à sa plus belle aurore,
A celle qui, peut-être eût pu jouir encore...
. . . .
O Jules! je t'ai tout offert!

Je t'offre tout en moi, jusqu'au dernier soupir,
Je t'offre avec ma vie un tendre amour sans crime,
Un amour dont je fus la rapide victime;
Dis-moi, que puis-je encor t'offrir ?

Volontiers tu fus mort pour racheter mes jours,
Car tu ne chérissais cette triste existence,
Que pour la partager avec ta chère Hortense,
Dans de renaissantes amours.

Tu me disais souvent, en langage du cœur :
Pour toi seule j'existe ô ma fidèle amie;

Avec toi je veux bien consacrer à la vie
 Encor quelque instant de bonheur.

Mais Jules, tu n'es plus... Dans l'éternelle nuit,
En couvrant de baisers mon front avec étreinte,
Ah! tu m'as échappé... ton âme s'est éteinte...
 Semblable à l'éclair qui s'enfuit.

O ma sœur, c'est fini : je succombe aux douleurs;
J'ai gémi bien des fois dans l'obscur cimetière,
Sur sa tombe à genoux, je faisais ma prière,
 Et je l'arrosais de mes pleurs.

La source en est tarie... à la terre de deuil,
J'ai dit l'adieu dernier. Ecoute, sur ma tombe,
Grave ce mot : *j'aimai*; puis qu'une larme tombe,
 Brûlante au fond de mon cercueil.

LE LARCIN EMPÊCHÉ.

Coris, disait Lucas un jour,
Après bien des baisers d'amour,
Pris et reçus sur la fougère,
Laisse-moi prendre, ô ma bergère,
Pour mieux combler mon destin,
Cette fleur qui m'est si chère,
Et qui brille sur ton sein...
— Si ma fleur, cher Lucas, peut faire tes délices,
 Dit-elle à l'amoureux berger;
 A tes vœux je veux bien céder,
Mais je ne prétends pas que tu me la ravisses,
 Je préfère te l'accorder.

ADIEU A ÉLISE.

C'était sur le déclin d'une belle journée,
Seul je me promenais, rêvant à l'avenir,
Et je parais de fleurs la douce destinée
Qui doucement flattait mon souvenir.

Elise m'apparut.... L'éclair qui fend la nue
N'est pas plus prompt que moi pour m'énivrer d'amour;
Je crus en être aimé : car mes yeux l'avaient vue
Tendre, sensible... hélas! bonheur d'un jour!

Mais quand le cœur ressent ce besoin qui dévore,
Vîte il se croit aimé : tout sourit à l'erreur,
L'espoir d'un avenir que sans doute j'adore
Complait mon âme au songe du bonheur.

Et si l'être qu'il aime, adroit à lui sourire,
Au pied de ses vingt ans dépose un doux baiser.
Fxtase de l'esprit, prestige du délire,
Sans le savoir, il a juré d'aimer!...

Véritable tourment de l'esprit et de l'âme
L'amour est un besoin... Seulement un soupir
De l'être qu'on chérit : on sent brûler sa flamme,
Souffle du cœur que rien ne peut ternir.

Et moi, passionné, souffrant, tendre, sensible,
Alors je l'adorai ! Comble du désespoir !
Ah! c'est trop supporter un fardeau si pénible;
Elise un jour dois-je encore te revoir !...

Car ce n'est plus toi-même... Il faut donc que j'oublie
Que tu m'aimas un jour que je te crus un cœur?
Combien c'est trop! cesser d'avoir droit à la vie
Quand je croyais avoir droit au bonheur...

O mon Elise adieu! Combien il est pénible
L'adieu dernier d'un cœur, quand je vivais d'amour !..
Je suis né pour souffrir, car je suis né sensible.
Eh quoi! pour moi, tu vécus trop d'un jour.

Aurais-je aimé trop peu? D'où vient l'indifférence
Que je vois sur tes traits?.. Hélas! de trop d'espoir
Sans doute, j'ai bercé ma brûlante existence,
Songe trompeur que je ne puis revoir.

Quand je crus être aimé, je t'aimai trop peut-être ?
Je t'aimai par besoin ; tu captivas mon cœur
Mon Elise, et le tien je ne l'ai pu connaître;
Je me berçais dans un songe d'erreur.

J'étais heureux alors, je t'avais vu sourire;
Maintenant tout me fuit, car je ne te vois plus.
Adieu! songe trompeur, au réveil je soupire !
Et mes plaisirs pour toujours sont perdus.

Illusions d'amour! ah! faut-il que je voie
Tant d'heureux ici bas, loin des douceurs d'aimer,
Et quand je me roulais en des torrens de joie
Voir tout périr! l'avenir s'abîmer!..

Et je n'ai point changé, je suis le même encore;
Toujours mêmes désirs, même amour, même cœur,
Pareillement en proie à ce feu qui dévore;
  Et je ne vois que des flots de malheur.

Adieu donc mon Elise ! encore mon amie
Je veux bien t'oublier, plonger dans les regrets
Un reste d'existence. Ah! qu'est-ce que la vie
  Quand de chagrins nos jours sont abreuvés.

Pour me rendre au bonheur que faut-il à ma tombe?
Que faut-il à ce cœur qui bientôt va périr
Abandonnant l'espoir ? Rien : qu'une larme y tombe!
  Point de regret, seulement un soupir!..

UN REGRET.

Pourquoi chercher l'amour s'il ne fait le bonheur,
Si l'écho de la joie, accent de la misère,
  Jamais ne rend, aux souvenirs du cœur,
  Qu'une espérance éparse et mensongère.

Pourquoi dans les soupirs, dans des feux inconstans,
Loin des plaisirs réels chercher la jouissance ?
  Quelle folie! aimer en vrais amans,
  N'est-ce pas vivre au sein de la souffrance?

Et je disais alors : je n'aimerai jamais;
D'une vaine beauté dois-je faire une idôle;
Et moi périr, victime de ses traits,
Comme le lys, qui sans air, s'étiole.

Mais d'où vient qu'aujourd'hui, consumé de ces feux,
Je m'épuise et je pleure aux genoux d'une amante,
Lui redisant, en transports amoureux,
Le triste accent de mon âme souffrante?

D'où vient que je soupire et le jour et la nuit,
Que j'implore un regard comme une douce ivresse,
Vers un espoir qui sans cesse s'enfuit
Pour me laisser dans la tristesse !

A ce cœur maintenant il faut un souvenir
Un besoin le consume : il désire, il adore;
Il a joui quand il a pu souffrir,
Et sa souffrance est un désir encore.

D'où vient que je me berce en un songe trompeur;
Ne peut on être heureux quand on demande à l'êt
De mon enfance où s'enfuit le bonheur,
A-t-il péri pour ne plus reparaître ?

Sans un soutien jamais; quoi! soupirer toujours,
Quand j'eus vécu peut-être au sein des jouissances,
Je cherche un cœur dans les tendres amours,
Et mon espoir ne trouve que souffrances !

SONNET A ÉLÉONORE.

O toi que je chéris ! te souviens-tu qu'un soir
Je m'approchai de toi... Ta romance plaintive
Disait avec amour les charmes de l'espoir,
Que goûtait doucement mon oreille attentive.

Ah! que ne puis-je encor me voir à tes genoux,
Et te voir partager les transports de ma flamme.
Te souvient-il aussi de ce baiser si doux,
Que j'osai te ravir et qui charma mon âme ?

De ces jours pleins d'attraits, de mutuel plaisir.
D'où vient que comme moi tu n'as plus souvenir ?
Ne sais-tu plus aimer, ma chère Eléonore?

Quoi ! ce cœur maintenant serait sourd à ma voix?
Lui devant qui, je pus soupirer tant de fois...
Doux songe du bonheur, c'est vous seul que j'adore!

SONNET.

Quand les pleurs ne sont plus, qu'un chagrin dévorant
Redit sans cesse au cœur du passé la souffrance,
Qu'un songe est un soupir, que déjà l'œil mourant
S'est fermé doucement au jour de l'espérance.

Un besoin parle au cœur, car le cœur est souffrant.
Il aime alors; il aime! aux pieds de la constance
Il dépose d'amour un baiser énivrant :
Celui du doux espoir et de la jouissance.

Des maux qui ne sont plus, puissant consolateur
Des peines à venir, tendre médiateur,
L'amour semble vouloir à tout prix lui sourire.

Et lui que le malheur a voulu consumer,
Il est heureux encor par ce besoin d'aimer.
Quel mortel n'envîrait son consolant délire ?

A MA SOEUR.

Je ne sais depuis quelques jours,
Il me semble que je soupire;
Je suis triste, rêveur, toujours
J'éprouve un besoin de le dire.
Le jour, sous deux hêtres touffus
Je cherche à ma douleur encore
Un pénible aliment de plus.
Ce que je ressens, je l'ignore.

Quel changement, dis-moi, ma sœur,
En tout mon être qui désire,
S'est opéré pour mon bonheur ?
D'où vient que ma parole expire,
Quand, pour me rendre à la gaîté,
A ma douleur qui veille encore,
Je chante avec timidité
Une tendresse que j'ignore?

Dans l'obscur silence des bois,
Vers le soir encore je chante;
Et l'écho répète ma voix,
D'une voix plaintive et touchante.
Je sens un besoin dans mon cœur,
Un besoin vague et qui dévore;
Serait-ce que le vrai bonheur
Fût dans les choses que j'ignore?

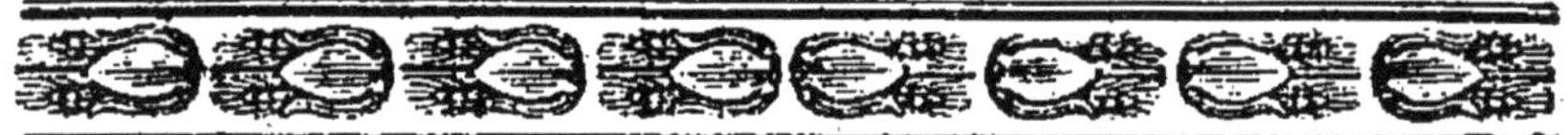

OH ! LE MÉCHANT.

Air : *Et dire encore que j'ai tort....*
Ah ! c'est trop fort.

Le perfide, il ne m'aime plus,
Ma mère, il aime Eléonore...
Quoi ! tant de sermens superflus !
Moi qui voudrais l'aimer encore,
Et me dire qu'il est constant...
Oh! le méchant.

Je l'ai vu l'autre jour au soir,
Comme il badinait avec elle;
J'entendis son doux *au revoir*,
Puis il l'embrassa l'infidèle!
Et me dire qu'il est constant...
Oh ! le méchant.

Ce matin même au point du jour,
Il alla la trouver, le traître!
Il lui fit un serment d'amour;
Et demain, oui, demain peut-être,
Il me dira qu'il est constant...
Oh ! le méchant.

LE DERNIER ESPOIR.

Regarde-moi, ma sœur, vois-tu
Tout mon être s'altère;
Je me sens faillir, abattu,
Je suis jeune et je désespère!

Bientôt les ombres du trépas
Vont s'abaisser sur mon visage,
Et je n'ai plus que quelques pas
Pour avoir fini le voyage.

O ma sœur! qu'encore une fois
Je t'entende avant que je meure;
Parle, le charme de ta voix
Adoucira ma dernière heure!

Tu viendras, n'est-ce pas ma sœur,
Tu viendras souvent sur ma tombe
Apporter le tribut d'un cœur,
Seul espoir de l'ami qui tombe.

Quand je puis t'entendre, te voir,
Que dans toi, je trouve une amie;
Donne à mon cœur ce faible espoir,
Dernière douceur de ma vie.

Content, de l'éternelle nuit,
Je ſerai ma triste demeure...
Mais la mort s'avance sans bruit,
Ma tombe s'ouvre : voici l'heure !

SONNET.

Plaisirs vrais de l'amour, ô plaisirs enchanteurs,
Que vous m'avez de fois, par vos douces caresses,
Enivré de ce souffle aliment de nos cœurs,
Prodigué de l'espoir les flatteuses ivresses.

Et je n'ai retiré de ces songes trompeurs,
Que des regrets seuls fruits de si riches promesses
Qu'un amer souvenir : et voilà les faveurs
Que l'amour nous peignait douces, enchanteresses.

Pourquoi du vrai bonheur qui toujours doit m[illegible]
Comme d'autres aussi n'ai-je donc pu jouir ?
Pourquoi n'ai-je trouvé que des peines amères ?

Ah! j'ai plus désiré qu'un cœur peut avoir;
Mais si je meurs trompé, j'aurai vécu d'espoir,
J'aurai du moins rêvé d'énivrantes chimères!

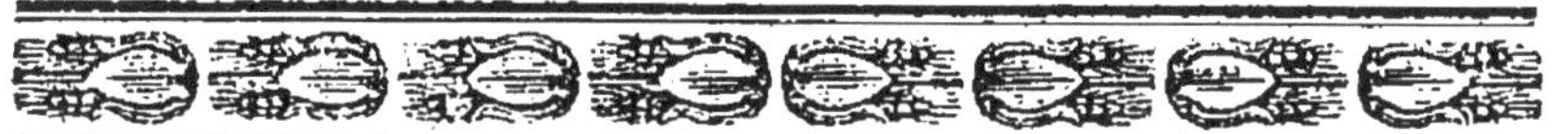

LES PLEURS.

Tous les jours coulent mes pleurs
Sur la tombe de mon amie;
Il n'est plus que des douleurs
Qui soient l'aliment de la vie.

Je languis en souffrant,
Je n'ai plus d'espoir, je succombe;
Mon regard glacé, mourant,
Fixe le feuillage qui tombe.

C'en est fait : il faut mourir,
Abandonner une existence
Que je gardais pour souffrir
Dans un déplorable silence.

Bientôt tout sera fini !
Et je n'aurai fait que paraître...
Déjà tout est accompli,
Et pas un soupir ne doit naître.

Sur moi le fatal rideau
S'élève... Qui de mon amie
Visitera le tombeau,
Lorsque j'aurai quitté la vie ?

LE DERNIER INSTANT.

Heureux celui qui, sur sa tête,
N'a point senti s'appesantir,
Avec l'effort de la tempête,
Un désespérant avenir.

Qui dans la joie au dernier âge,
Courbé dessous le poids des ans,
Arrive, montrant un visage
Serein, comme dans son printems.

Moi, je touche à ma dernière heure,
Je vois s'élever mon cercueil;
C'en est fait il faut que je meure,
Tout est pour moi souffrance et deuil.

Mon âme va périr glacée,
Si jeune... et le bonheur me fuir;
Je sens s'éteindre ma pensée,
Et je n'ai plus de souvenir.

Entre moi bientôt et le monde,
Le rideau va se dérouler;
Je sens déjà la nuit profonde,
De ses ténèbres me voiler.

Tout est fini... moment horrible!
Comme l'éclair j'ai disparu,
Rêvant un être, un cœur sensible,
Et sans être aimé j'ai vécu!...

Oh! pardon, pardon ! je t'en prie
Grand Dieu ! sur moi suspends tes coups;
Encor quelques instans de vie,
Et je bénirai ton courroux...

Qu'au moins, s'il faut que je périsse,
Mon cœur rencontre un cœur aimant,
Puis, consomme le sacrifice,
Et je franchirai le néant.

J'aurai joui de l'existence,
Je verrai me suivre un soupir;
Heureux, dans l'éternel silence,
Je plongerai mon avenir.

BESOIN D'AIMER.

AIR : *Au Point du Jour.*

Besoin d'aimer,
Donne à nos cœurs jouissance bien pure,
Langage divin, étranger,
Tout concourt à nous enchanter,
Et tout redit dans la nature,
Besoin d'aimer, besoin d'aimer.

Besoin d'aimer,
A dix-huit ans, est feu lent qui dévore,
Le jeune homme sent enflammer,
Son cœur que l'on a su charmer,
Il goûte alors, quoiqu'il l'ignore,
Besoin d'aimer, besoin d'aimer.

Besoin d'aimer,
Trouve toujours plaisir à le redire.
Quand le jour commence à tomber,
Comme alors un tendre berger,
Eprouve auprès de sa Thémire,
Besoin d'aimer, besoin d'aimer !

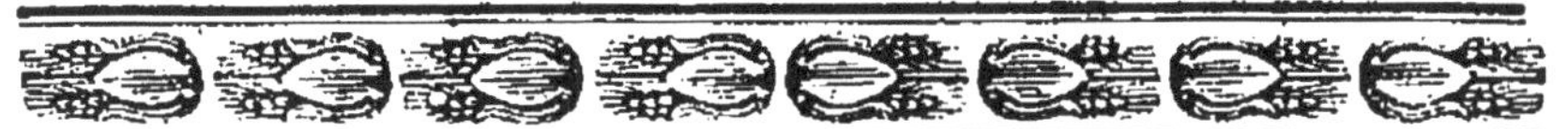

LA RÉPLIQUE AMOUREUSE.

Il est si doux, ô ma chère,
Disait Lycoris un jour
A sa gentille bergère,
Il est si doux d'aimer d'amour.
Quel charme dans ce mot : *Je t'ai*
Quel ineffable plaisir,
Le cœur dans son ardeur extrême,
Trouve au sein même d'un soupir.
Souffrir d'amour c'est être heureux encore,
Don précieux des amours,
Quoi de plus doux, toi que j'adore,
De jurer de t'aimer toujours.
N'est-ce pas belle Eléonore,
Qu'il est consolant de trouver
Un tendre remède à sa peine,
Dans cet aveu qu'on fait d'aimer.
Il l'est bien plus de le prouver,
Répond aussitôt la syrène.

ROMANCE.

Air connu.

Te souviens-tu de ce charmant bocage,
Témoin chéri de mon premier soupir,
De ton amour là je reçus le gage,
Mon cœur alors renaissait au désir.
Il m'en souvient, malgré ta résistance,
Quoique ton cœur semblait être vaincu,
Plus que mes feux parla ton innocence,
Fidèle amie encor t'en souviens-tu ?

Te souviens-tu, je te disais je t'aime,
Pour prix encor tu permis un baiser,
O doux espoir à mon amour extrême,
D'un soupir seul mon cœur sût s'énivrer.
Quoi qu'en tes yeux fut un feu qui dévore,
Ton cœur au mien n'avait point répondu,
Les vrais plaisirs sont-ils ceux qu'on ignore ?
Fidèle amie encor t'en souviens-tu ?

Te souviens-tu de la belle soirée,
Où tout alors m'invitait au plaisir,
Où les transports de mon âme embrasée,
A tes transports semblaient aussi s'unir ?
Long-tems je vis dans ta candeur charmante,
Battre, hésiter ton cœur irrésolu;
Mais tu laissas parler ton âme aimante,
Fidèle amie encor t'en souviens-tu?

Te souviens-tu qu'alors aussi, ma belle !
Tu refusas un baiser à l'amour,
Et seulement d'une flamme fidèle,
Tu me juras la tendresse en retour.
Dis-moi pourtant, dis un langage tendre,
Peut-il suffire à l'espoir abattu ?
Quand au bonheur tu promis de me rendre,
Fidèle amie hélas! t'en souviens-tu ?

IMPROMPTU.

Sans l'amour point de douceur,
Point de plaisir, de bonheur.
Eh! pourquoi depuis que j'aime,
Suis-je plus inquiet, plus souffrant chaque jour ?
Serai ce que la peine extrême,
Fût la compagne de l'amour ?

UNE CONSOLATION.

Il est des charmes dans les pleurs,
Qu'on répand dans l'adolescence;
Il est même dans ces douleurs,
Quelque secrète jouissance.

En amour souvent un soupir,
Du bonheur est le doux présage;
Vous cueillez la fleur du plaisir,
Et l'épine est toujours sous le feuillage.

J'ai plaisir à voir deux beaux yeux,
Verser d'amour les douces larmes;
C'est la rose qui brille mieux
Quand l'aurore a mouillé ses charmes.

Vous ne pourriez jamais savoir,
Combien les larmes d'une amie
Sont douces; elles sont l'espoir
Et le seul baume de ma vie!

MES ADIEUX AU LECTEUR.

J'ai bien des fois pleuré, dans ma couche la nuit,
Ou bien dans un bosquet, sous l'ombre tutélaire,
Caressé par l'espoir sur l'avenir qui fuit :
Que j'ai rêvé de fois, malheureux solitaire !

Et mes larmes tombant ont mouillé quelques fleurs;
Comme tant d'immortels j'ai goûté l'espérance.
J'ai recueilli parfois aussi quelques douceurs;
Mais je désirai plus... et je vis de souffrance !

Pourtant quand mon penser vague de souvenir,
S'élançait dans l'espoir, se berçait de chimères,
Je me croyais encor quelque peu d'avenir;
Et je n'ai rien trouvé des douceurs les plus chères.

Timide voyageur, vers le sol des heurenx,
A travers des déserts, lentement je chemine;
Je cueille quelques fleurs au haut des monts sableux,
Et j'arrive à l'abîme au pied de la colline.

Ah ! si je dois mourir à mon premier print[illegible],
Pourqnoi quand dans mes yeux ne seront plus d[illegible]
Fuirais-je avec regret à mes derniers mome[illegible]
Des instans qui pour moi ne comptent plus de c[illegible]

Arras. — Imp. de JEAN DEGEORGE, rue du Bloc n° 88.

www.ingramcontent.com/pod-product-compliance
Ingram Content Group UK Ltd.
Pitfield, Milton Keynes, MK11 3LW, UK
UKHW021223230726
13926UKWH00003B/1204

9 782014 070095